ぴあのくらぶ
ラララ12か月
あき・ふゆ

うたって あそんで ぬりえ

音楽之友社

 # まえがき

　赤ちゃんを卒業したばかりの幼児期から小学校・中学校、そして青春期、ひとりの子どもの成長には、さまざまな出会いがあります。たくさんの人々との出会いの中で、長い間成長を見守り関わり続けている人がいるとしたら……それは、ピアノの先生かもしれません。

　音楽を通じて子ども達は、幼稚園・学校や家庭とは違う表情を見せることがあります。とかく幼児期から競争社会にもまれている今の子ども達にとって、ピアノの先生と過ごす時間が、やすらぎのひと時となったらどんなによいことでしょう。

　子どもを見つめるあたたかいまなざしが時にはなぐさめになり、時にははげましの力を与えてくれるかもしれません。

　この本は、そんな時間を大切にしたいという願いから、それぞれの街で別々のやり方でレッスンをしているピアノの先生が話し合い、熱い想いで創りあげました。導入期のレッスンを、より楽しくサポートする本として広くご活用ください。

この本の使い方

　レッスンの中に5分ぐらい季節の歌を楽しむ時間を取り入れてみませんか。
　昔から歌い継がれてきたわらべ唄・童謡などが、家庭でも幼稚園でもあまり歌われなくなってしまいました。本来、大切にしたいこれらの歌を、この曲集では月ごとに2曲ずつ選んでみました。4歳ではできなかったことが、5歳ではできるようになっているかもしれません。子どもの成長に合わせて工夫し、くり返して何年も使ってください。

○音楽を聴きながら「ぬりえ」をしたり、季節のお話をして、イメージをふくらませましょう。
○歌やリズム遊びを充分に楽しんだあとで、弾いてみましょう。曲はどれもポジション移動なしで弾けるようになっています。左手はグレーで示されています。
○さらにミュージックデータ(別売)を使うことによって、リズム感を養い、さまざまな楽器の音色や効果音を体験して音楽を楽しみましょう。同じ曲でもアレンジによって全く違う雰囲気を味わうことができます。
○曲ごとに表示されたテンポは1つの目安です。生徒の力に応じて調節してください。

(本文中の図例)

- ♪ ミュージック・データ
- リズム遊びをする
- 歌や遊びを楽しむ
- 譜読みをする
- 弾けるところだけ、弾いてみる(子どもの能力に応じてポジションなどを自由に工夫する)
- 先生と連弾を楽しむ(連弾の場合は生徒のポジションに注意)
- 移調する
- Step up できたらやってみる

もくじ

月	曲名	ページ	ディスク
9月	つき	6	1 カーペンターズ風　2 かぐや姫のおはなし風
9月	むしのこえ	8	3 虫の音楽会　4 クレイダーマン風
10月	おおきなたいこ	10	5 打楽器遊び　6 ロックンロール
10月	おおきなくりのきのしたで	12	7 ビギン　8 ファンタジー
11月	こぎつね	14	9 バロック　10 ゲーム音楽風
11月	まつぼっくり	16	11 童謡　12 タンゴ
12月	ジングルベル	18	13 鈴　14 ゴスペル風
12月	おしょうがつ	20	15 童謡　16 ラグタイム
1月	たこたこあがれ	22	17 わらべうた　18 琴の調べ
1月	たきび	24	19 童謡　20 ハバネラ
2月	まめまき	26	21 行事の歌　22 ボサノバ風
2月	おおさむこさむ	28	23 わらべうた　24 ボサロック
おたのしみ	とんとんとんとんひげじいさん	30	25 手遊び歌　26 ラジオ体操風
おたのしみ	さよなら	31	27 リリック　28 オーケストラ

1 2 ……はミュージック・データのディスク・ナンバーです。

※これらの曲は別売のミュージック・データと合わせることができます。奥付のページを参照してください。

※ミュージック・データは、いろいろな趣きで、おしゃれに楽しめるように、ロック、ラテンのリズムや、邦楽サウンドなどアレンジを変えてあります。コンサートなどのステージでも充分に映えるでしょう。「小さなピアニスト」気分で楽しんでください。

つき

文部省唱歌　谷口 啓子／編曲

Arrangement © 1998 assigned to ONGAKU NO TOMO SHA CORP., Tokyo, Japan.

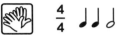

① グーパーを交互にくり返す。

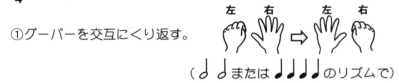

② 「つき」にちなんだ曲をさがしてみる。

3，4小節目の ♫ を ♩♪ にしてみる。

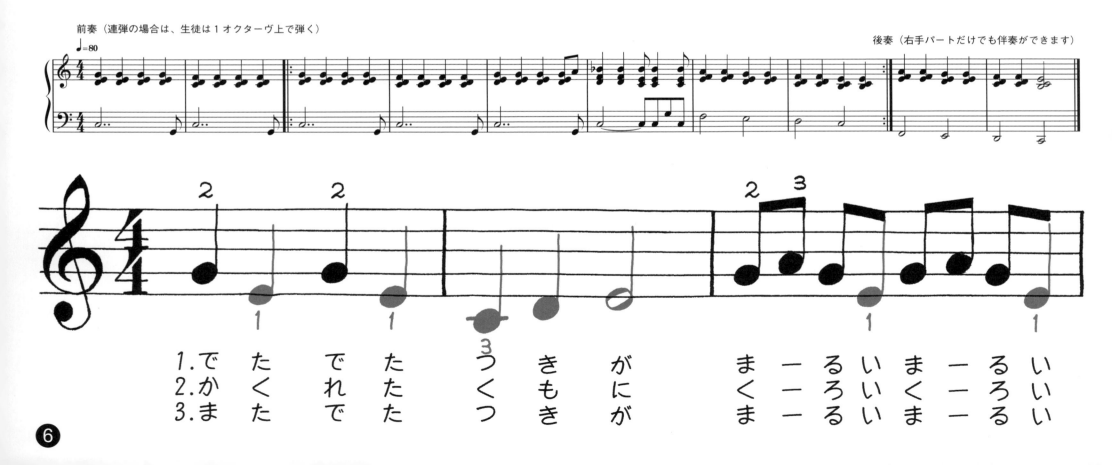

むしのこえ

文部省唱歌　谷口 啓子／編曲

Arrangement © 1998 assigned to ONGAKU NO TOMO SHA CORP., Tokyo, Japan.

① 歌詞にない虫を探してみる。
② いろいろなものをたたいたり、こすったりして擬音作りをたのしむ。

1. あれまつむしが　ないている　チンチロ チンチロ チンチロリン
2. あれすずむしも　なきだした　リンリン リンリン リーン リン

おおきなたいこ

小林 純一／作詞
中田 喜直／作曲　谷口 啓子／編曲

 2/2 ♩ ♩

 ①トーンクラスター（のマーク）のところで f や p など、工夫して楽しむ。
②拍に合わせてボールつきをする。

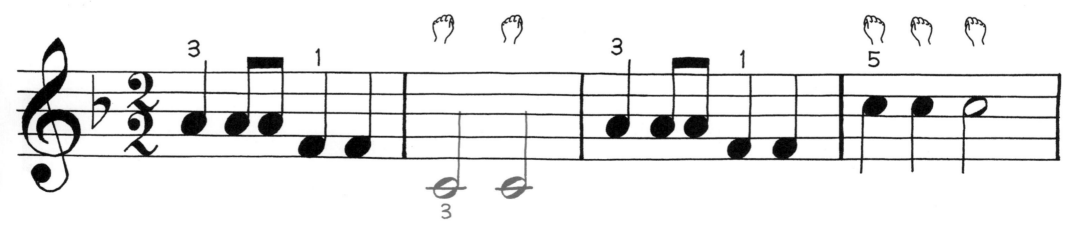

おーきなたいこ　どーんどーん　ちいさなたいこ　とんとんとん

おおきなくりのきのしたで

外国曲
作曲者不詳　中森 智佳子／編曲

Arrangement © 1998 assigned to ONGAKU NO TOMO SHA CORP., Tokyo, Japan.

 をマラカスでならす。（ビギンのリズム）

 このリズムをクラベスでたたく。

前奏（連弾の場合は、生徒は1オクターヴ上で弾く）

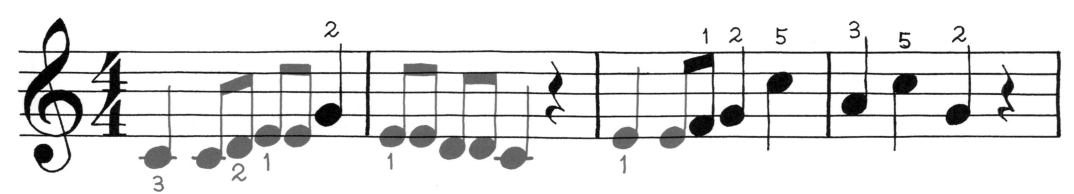

おおきなくりの　きのしたで　あなーたと　わたし

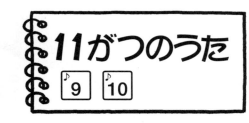

こぎつね

勝　承夫／作詞
外国曲　中森 智佳子／編曲

Arrangement © 1998 assigned to ONGAKU NO TOMO SHA CORP., Tokyo, Japan.

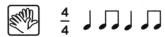

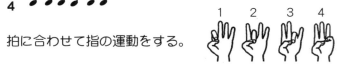

1.〜3. こぎつねコンコン { やまのなか / ふゆのやま / あなのなか }　　やまのなか / ふゆのやま / あなのなか　　くさのみつぶして / かれはのきものじゃ / おおきなしっぽは

まつぼっくり

広田 孝夫／作詞
小林 つや江／作曲　中森 智佳子／編曲

Arrangement © 1998 assigned to ONGAKU NO TOMO SHA CORP., Tokyo, Japan.

 4/4 ♩ ♫ ♩ ♫

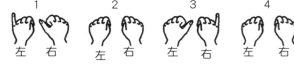

 ①拍に合わせて指の運動をする。（1と5の指を出す）

②「ひろった」の合いの手（♪♩♪）を入れる。（手をたたきながら）

 レとラを半音下げてヘ短調にする。（長調、短調の違いを感じる）

前奏（連弾の場合は、生徒は1オクターヴ上で弾く）

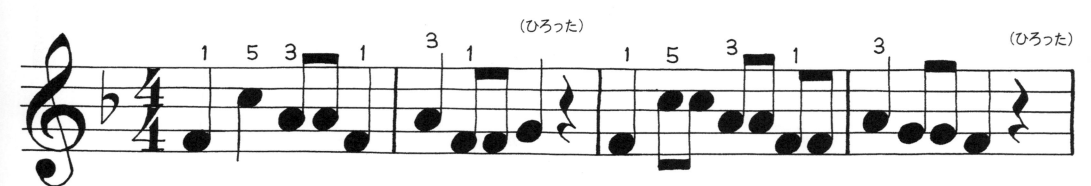

まつぼっくりが　あったとさ　　たかいおやまに　あったとさ

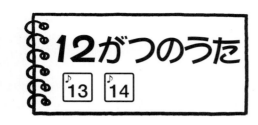 ## ジングルベル

小林 純一／作詞
ピアポント／作曲　松澤 正子／編曲

Arrangement © 1998 assigned to ONGAKU NO TOMO SHA CORP., Tokyo, Japan.

 4/4 ♫♩♫♩

 ①ピアノのどこを、どう弾くと鈴の音にきこえるか探して、オスティナート奏する。

②メロディを音域やテンポを変えて弾いてみる。

  　4度上げて、ミの音から始める。

リンリンリン　リンリンリン　すずが　なる　　ひびきもリズムも　かろやかに ー

たこたこあがれ

わらべうた　中森 智佳子／編曲

Arrangement © 1998 assigned to ONGAKU NO TOMO SHA CORP., Tokyo, Japan.

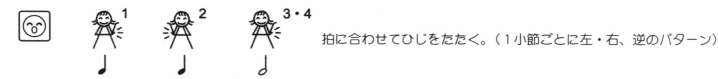

拍に合わせてひじをたたく。（1小節ごとに左・右、逆のパターン）

たこが高くあがっていくように、どんどん移調をして弾いてみる。　　（移調奏のための伴奏）

このパターンで生徒はオスティナート奏をする。

たこ　たこ　あがれ　　てん　まで　あがれ

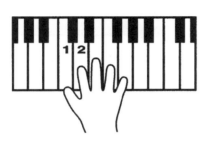

ド	も	レ ち		け	た	な
お			や		か	

① ことばで階段楽譜を作ってみる。
② それをつなげて曲を作ろう。

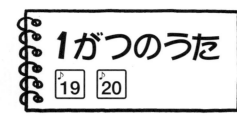

たきび

巽　聖歌／作詞
渡辺　茂／作曲　飯田 和子／編曲

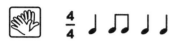

 自分の「せっせっせ」を作る。

 ハバネラのリズムをカスタネットでたたく。

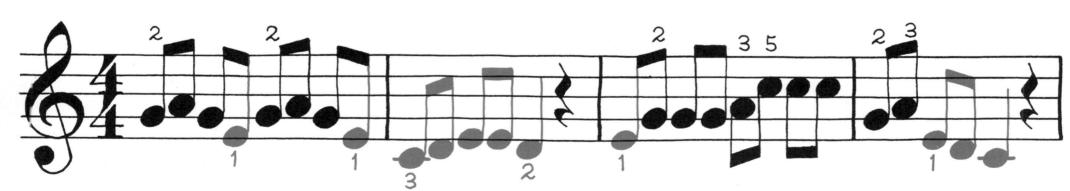

1. かきねのかきねの　まがりかど　たきびだたきびだ　おちばたき
2. さざんかさざんか　さいたみち　たきびだたきびだ　おちばたき
3. こがらしこがらし　さむいみち　たきびだたきびだ　おちばたき

まめまき

えほん唱歌　飯田 和子／編曲

Arrangement © 1998 assigned to ONGAKU NO TOMO SHA CORP., Tokyo, Japan.

 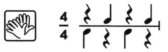

 ①ぱらっぱらっのところで指パッチンをする。

②身体を使ってリズム遊びをする。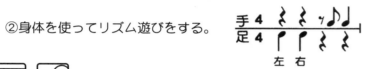

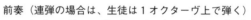

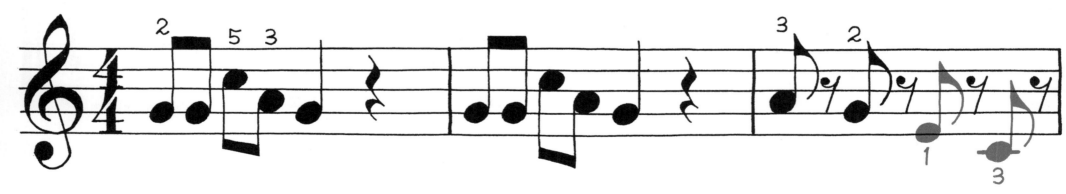

1.2. おにはそと　　ふくはうち　　ぱらっ ぱらっ ぱらっ ぱらっ

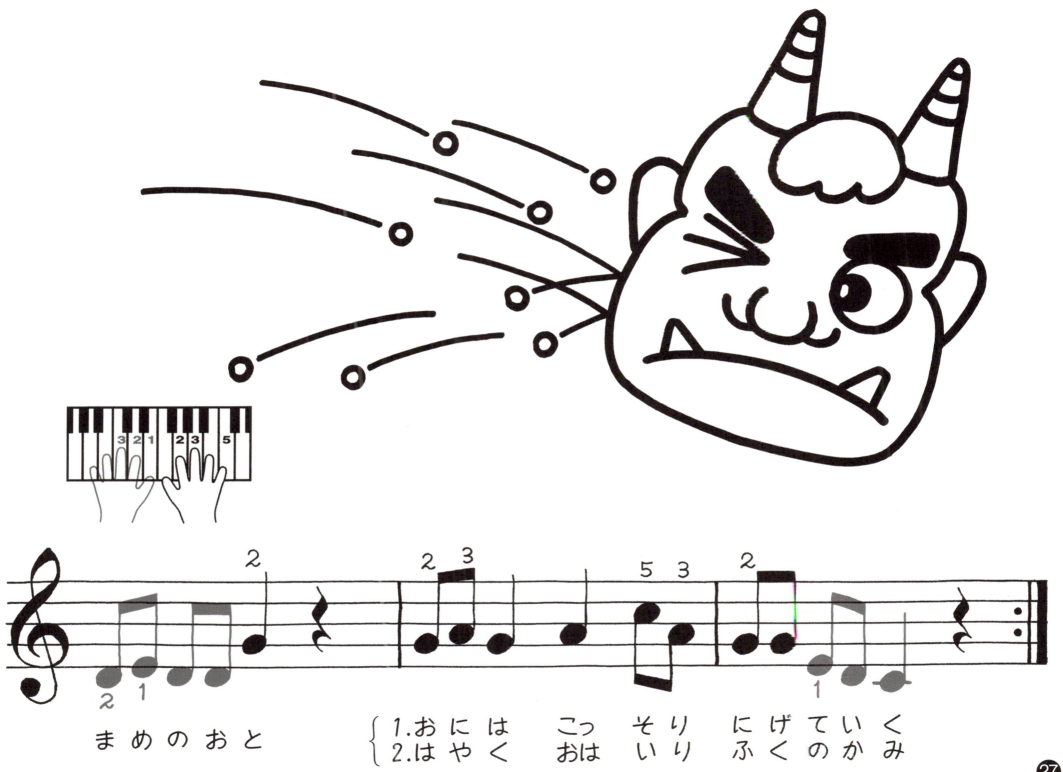

おおさむこさむ

わらべうた　飯田 和子／編曲

Arrangement © 1998 assigned to ONGAKU NO TOMO SHA CORP., Tokyo, Japan.

 4/4 ♩ ♪♪|♪♪♩ ※わらべうたの特徴的リズム

 ①オスティナート（1、2小節をくり返す）をつけて歌ったり、2小節おくれのカノンをたのしむ。

② 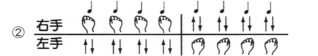　　（ひざたたき）
　　　　　　　　　　（ひざこすり）

半音下げて黒鍵だけで弾く。

前奏（連弾の場合は、生徒は1オクターヴ上で弾く）
♩=50

おお　さむ　こさむ　　やまからこぞうが　とんできた

とんとんとんとんひげじいさん

作詞者不詳　玉山 英光／作曲　飯田 和子／編曲

おたのしみ ♪27 ♪28

さよなら

作詞者不詳
ドイツ曲　中森 智佳子／編曲

Arrangement © 1998 assigned to ONGAKU NO TOMO SHA CORP., Tokyo, Japan.

前奏（連弾の場合は、生徒は1オクターヴ上で弾く）

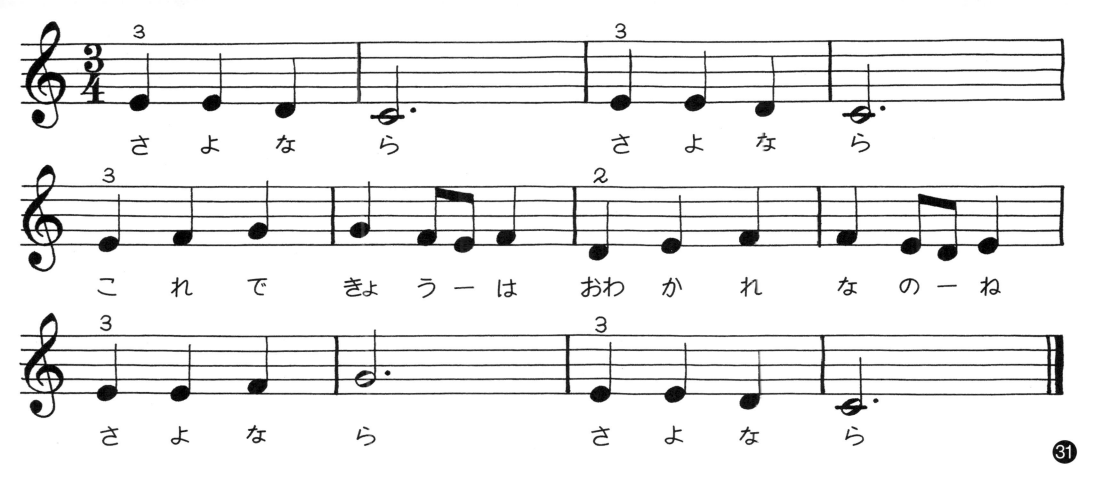

さよなら
さよなら
これで きょうーは おわかれ なのーね
さよなら
さよなら

◎編者
ぴあのくらぶ
飯田和子／谷口啓子
中森智佳子／松澤正子

◎編曲
飯田和子／谷口啓子／中森智佳子／松澤正子

◎ミュージック・データ編曲・プログラム
東嶋道子

◎イラスト＆デザイン
佐藤恵子

◎手書楽譜
仙田尚久

◎楽譜浄書
プレスト

ラララ12か月　あき・ふゆ　新装版（しんそうばん）

2018年4月10日　第1刷発行
2022年4月30日　第2刷発行

編者　ぴあのくらぶ
発行者　堀内久美雄
　　　　東京都新宿区神楽坂6の30
発行所　株式会社　音楽之友社
　　　　電話　03(3235)2111(代)　〒162-8716
　　　　振替　00170-4-196250
　　　　https://www.ongakunotomo.co.jp/

451160

日本音楽著作権協会(出)許諾第1802335-202号

印刷：(株)平河工業社
製本：(株)宮本製本所

落丁本・乱丁本はお取替いたします。
Printed in Japan.

本書の全部または一部のコピー、スキャン、デジタル化等の無断複製は著作権法上での例外を除き禁じられています。また、購入者以外の代行業者等、第三者による本書のスキャンやデジタル化は、たとえ個人や家庭内での利用であっても著作権法上認められておりません。

ミュージック・データは、インターネットでダウンロード販売をしています。下記のホームページにアクセスしてください。